PEDALIZANDO ~

COLORES EN EL SONIDO

Lecciones y piezas para pianistas de nivel elemental

Katherine Faricy

Música de James P. Callahan

Traducción de Óliver Curbelo

AGRADECIMIENTOS

S in la colaboración desinteresada de las siguientes personas, este libro no se hubiera publicado:

Beatriz Aguerrevere — Diseño gráfico, diseño Web
Jon Michael Iverson — Edición digital
Kara Ellefson — Editor
Julienne Rasmussen — Material gráfico y cubierta
Katherine Condon — Material gráfico
Oscar Jockel — Diseño Web

Además, agradecemos profundamente a los profesores que aplicaron este libro con sus estudiantes y evaluaron sus contenidos.

TABLA DE CONTENIDOS

PRÓLOGO AL PROFESORADO

Aproximación sistemática

El propósito de este libro es ofrecer al profesorado y al alumnado un método organizado, sistemático y progresivo para el desarrollo de la pedalización artística desde el comienzo del estudio del instrumento.

Conciencia del desarrollo tonal e imaginación

Un objetivo adicional de este libro es animar a los jóvenes estudiantes a escuchar atentamente y ser conscientes del sonido que producen con el piano.

Procedimiento

Con el fin de que el uso de este libro sea efectivo, se recomienda que se adapte el ritmo de estudio de los ejercicios y las piezas a las capacidades de cada alumno.

¿CUÁNDO EMPEZAR A USAR EL PEDAL?

Este libro ayuda al profesorado a introducir el uso del pedal **desde el comienzo del estudio del piano:**

- Introduce primeramente el pedal largo, puesto que no requiere la adquisición de ninguna coordinación entre los movimientos del pie y de las manos.

- Utiliza una notación gráfica específica para el uso del pedal.

- Incluye importantes ejercicios preparatorios para que el alumnado explore las técnicas de pedal antes de incorporarlas al repertorio.

- Muchos de los ejercicios y piezas iniciales pueden ser enseñados por imitación, de manera que se puede usar el pedal antes de que el alumno sea capaz de leer la notación musical.

Orientaciones didácticas para las lecciones

Lección 1– Cómo funciona el piano

Es aconsejable que se explique y muestre el mecanismo de acción del piano y del pedal mientras los alumnos observan el interior del instrumento. Además, es importante que se expongan las similitudes y diferencias entre el piano vertical y el de cola.

Lección 2- Uso del pedal de resonancia

Cómo sentarse cuando se usa el pedal

Los estudiantes de altura considerable, que alcanzan con facilidad los pedales, deben sentarse siguiendo las instrucciones de la página 9 del libro.

Estudiantes de baja estatura

Para los estudiantes que no consiguen llegar a los pedales se ofrecen las siguientes soluciones:

- El profesor podrá pedalizar la ejecución del alumno con el fin de introducirle en la sonoridad resultante.

- Los alumnos pueden usar el pedal **manteniéndose de pie y apoyados en la banqueta.** Cuando se practique sin pedal pueden adoptar la postura habitual utilizando un soporte para que descansen los pies.

- Se recomienda adquirir un **adaptador de pedales para el piano**.

Cómo funciona el pedal de resonancia

- Si invitamos a nuestro alumno/a a que hable o cante en dirección a la caja de resonancia del piano con el pedal de resonancia presionado, éste podrá escuchar **como un eco** (si hacemos la demostración en un piano vertical con la tapa superior abierta y observamos que la estatura del alumno no le permite emitir la voz hacia las cuerdas, utilizaremos un taburete con escalón o una silla del tamaño adecuado).

- Anime a los estudiantes a **improvisar con el pedal de resonancia presionado**, sugiriéndoles determinadas sonoridades que pueden obtenerse, utilizando **diferentes registro, dinámicas y carácter** (si el alumno no llega a los pedales, el profesor puede hacerlo en su lugar).

- Para ayudar a los alumnos a relacionar la imaginación con los colores sonoros, **sugiérales que imiten sonidos que les resulten familiares**, como rayos, gotas de lluvia, pájaros, mariposas, monstruos, etc.

LECCIÓN 3 – PEDALES LARGOS

Uso: para recoger todas las sonoridades producidas, efecto habitual en la música del estilo Impresionista.

Técnica:

- La técnica del pedal largo es la más sencilla de todas.

- Esta lección introduce **cómo se presiona y levanta el pedal correctamente**, y la manera de **recoger todas las sonoridades** con un pedal largo.

- A los estudiantes se les debe recordar la necesidad de **escuchar atentamente** la sonoridad y las dinámicas.

LECCIÓN 4 – PEDAL SIMULTÁNEO (DIRECTO)

Uso: para **reforzar** las dinámicas y la calidad del sonido de **notas simples**, acordes o pasajes de **arpegios, escalas o trinos**.

Técnica:

- Los estudiantes deberán sentirse cómodos usando **simultáneamente el mismo movimiento en ambas manos y el pie**.

- Antes de usar esta técnica de pedal en las piezas, se debe haber practicado previamente los *Estudios de pedal* hasta que se consiga coordinar el movimiento de la mano y el pie **con comodidad, precisión y estabilidad.**

- Se debe estar seguro de que el **pise** y el **levantamiento** del pedal se produce **exactamente** donde está indicado en los estudios y las piezas.

LECCIÓN 5 – PEDAL SINCOPADO

Usos: Esta técnica se utiliza en los pasajes **ligados**.

- Puede usarse para realzar la **calidad del sonido**, obteniendo un toque mucho más cálido y simulando el efecto *vibrato* que produce el violín y otros instrumentos.

- Puede usarse en melodías acompañadas y para conectar acordes ligados.

- El pedal no debe usarse como sustituto de un buen ligado de los dedos

Técnica:

- Los estudiantes necesitan aprender a **pedalizar siguiendo el pulso**, actuando el pie como un metrónomo.

- Es importante que el alumno finalice los *Estudios de pedal* antes de intentar aplicar esta técnica de pedal en una pieza.

- Cuando el alumno se sienta cómodo y sea capaz de hacer los ejercicios de manera sencilla, se puede proceder a ejecutar las piezas incluidas en este libro y añadir el pedal a otras obras de su repertorio.

LECCIÓN 6 – ELEVACIÓN LENTA DEL PEDAL

Uso: Cuando levantamos la tecla correspondiente a una nota o acorde con el pedal se crea una **terminación más agradable** que si lo realizamos solo con los dedos. Con la elevación del pedal los apagadores regresan al contacto con las cuerdas de una manera más suave, produciendo una mayor difuminación del sonido.

Técnica:

- Una vez que se dominen los *Estudios de pedal* y las piezas de esta lección, el estudiante puede aplicar esta técnica al final de las piezas que se encuentran en las páginas 10, 11, 13, 14, 24.

LECCIÓN 7 – EL USO DEL PEDAL *UNA CORDA*

Uso: para modificar el color y la calidad del sonido, así como ayuda en los pasajes de dinámica suave.

(El alumno debe aplicar esta técnica de pedalización en las piezas de esta lección, en otras piezas de este libro y en obras del repertorio donde el uso de este pedal mejoraría el color sonoro y el efecto deseado).

Técnica:

- Recuerde a los alumnos que el pedal *una corda* debe presionarse antes de la nota o sección donde vaya a ser utilizado.

Para más información sobre la técnica de pedal véase:
Faricy, Katherine. *Artistic Pedal Technique: Lessons for Intermediate and Advanced Pianists.* **Frederick Harris Music, Mississauga, Ontario, Canada.**

LECCIÓN 1 - CÓMO FUNCIONA EL PIANO

El piano es un instrumento maravilloso para aprender a tocar, pues permite producir muchos efectos: se puede "cantar" o imitar el sonido de una orquesta; puede asustar como el rugido de un león o sonar suave como el viento; puede imitar elefantes, pájaros o lo que puedas imaginar.

MECANISMO DEL PIANO

Existen dos tipos de pianos acústicos:

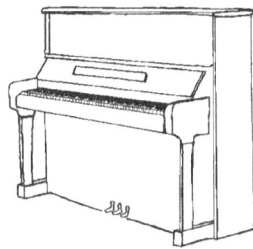

Piano vertical   Piano de cola

Mira dentro del piano y podrás ver cómo funciona:

Cuerdas
Por cada tecla del piano hay de una a tres cuerdas. Cuando las cuerdas vibran producen el sonido.

Martillos
Cuando presionamos una tecla, un pequeño martillo recubierto de fieltro se eleva y golpea la cuerda, haciéndola vibrar.

Apagadores
Los apagadores descansan sobre las cuerdas para que no puedan vibrar. Cuando una tecla es pulsada el apagador se levanta a la misma vez que el martillo golpea la cuerda. El apagador se mantiene levantado hasta que dejamos de pulsar la tecla. En este momento cae sobre la cuerda, eliminando cualquier vibración y apagando el sonido.

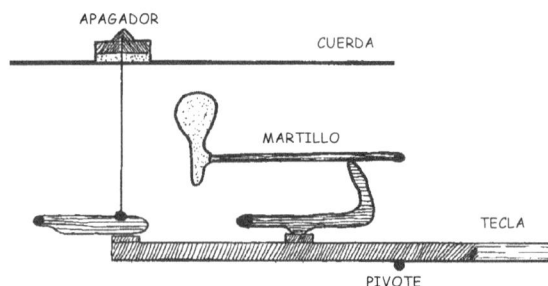

Mecanismo de una piano de cola

(Como puedes ver, el diseño del piano vertical difiere bastante del de cola, pero las cuerdas, los martillos y los apagadores tienen el mismo funcionamiento).

LOS PEDALES

La mayor parte de los pianos tienen tres pedales. Cada pedal afecta al sonido de diferente manera.

El pedal de resonancia (pedal derecho)

Cuando se presiona el pedal de resonancia, todos los apagadores del piano se elevan, incluso aquellos cuyas teclas no hayamos pulsado.

El pedal *una corda* (pedal izquierdo)

Cuando pisamos este pedal cambia el color del sonido y produce un sonido más suave.

El pedal *sostenuto* o pedal tonal (pedal central)

Cuando mantenemos pulsadas una serie de notas y a continuación pisamos el pedal tonal, éste mantiene levantados los apagadores pertenecientes a dichas teclas, permitiendo prolongar el sonido aunque las soltemos.

Mientras mantengas este pedal pisado, puedes tocar otras notas, que dejarán de sonar desde el momento que levante los dedos. Para probar este efecto prueba el siguiente pasaje:

Sostenuto:

Asegúrate de pisar este pedal después de tocar el *sol* grave y dejarlo presionado. Continuará sonando hasta que se levante el pedal.

El pedal ***tonal*** no se usa con frecuencia. Este libro no contiene estudios para su práctica, excepto el que acabas de tocar. En muchos pianos el pedal central se llama **"sordina"**. Se trata de un pedal de estudio, que no tiene ningún propósito expresivo (disminuye el sonido del piano para no molestar mientras se está tocando).

LECCIÓN 2 - USO DEL PEDAL DE RESONANCIA

El **pedal de resonancia** es, de los tres que posee el piano, el más utilizado. Este libro te hará conocer algunas de sus muchas posibilidades y te ayudará a desarrollar el control necesario para usarlo de forma efectiva.

CÓMO FUNCIONA EL PEDAL DE RESONANCIA

1. Pídele a tu profesor que presione el pedal mientras tú miras atentamente qué es lo que ocurre en el interior del piano.

   - Verás que cuando se pisa el pedal, los apagadores se elevan, permitiendo a las cuerdas vibrar.

   - Cuando se levanta el pedal, los apagadores descienden y descansan sobre las cuerdas.

2. Con la tapa de la cola del piano levantada, acércate a las cuerdas y **grita despacio "hola"**.

3. Pídele a tu profesor que pise el pedal de resonancia y nuevamente grita "hola" en dirección a las cuerdas. **Escucha** el sonido de tu voz en el piano después del grito. Este **eco** se produce porque, cuando el pedal está presionado, los apagadores se alejan de las cuerdas y tu voz permite a éstas vibrar.

4. **Siéntate al piano y sin pisar el pedal:**

   - **Toca** una nota del registro medio del piano lo más fuerte que puedas y mantenla presionada mientras **cuentas hasta cuatro**.

   - **Escucha** atentamente el sonido que se produce cuando **sueltas** la tecla y el apagador regresa a las cuerdas.

5. **Pisa el pedal de resonancia**

   - **Toca** la misma nota, manteniéndola mientras cuentas hasta dos.

   - **Mantén** el pedal presionado mientras **levantas** la tecla.

   - **Escucha** cómo la nota que has tocado continúa sonando durante bastante tiempo con el pedal pisado.

6. **Levanta el pedal completamente.** Los apagadores descansarán sobre las cuerdas, **eliminando el sonido**.

7. **Toca nuevamente la nota sin el pedal** y escucha la diferencia.

CÓMO SENTARSE CUANDO SE USA EL PEDAL DE RESONANCIA

1. Siéntate en la parte **delantera** de la banqueta, con tu cuerpo equilibrado entre la parte baja de la espalda y tus pies. Asegúrate de que estás sentado a una altura adecuada.

2. Coloca tu pie derecho sobre el pedal, tocando la parte más cercana del pedal con el tercio anterior del pie.

3. El talón debe estar apoyado firmemente en el suelo y alineado con el pedal.

PISANDO Y LEVANTANDO EL PEDAL DE RESONANCIA

1. Mantén tu pie en la misma posición descrita anteriormente y **presiona** lentamente el pedal, manteniendo el **talón** apoyado en el **suelo** todo el tiempo.

2. **Levanta** lentamente el pedal sólo con la parte delantera del pie, dejándolo en su posición de reposo. Ten cuidado **de no dejar que el pedal se levante de forma brusca,** si no quieres escuchar un gran golpe seco.

3. Asegúrate de que la parte delantera del pie **permanece en contacto** con el pedal todo el tiempo. Imagina como si el pie estuviera pegado al pedal con pegamento.

CÓMO APARECE EL USO DEL PEDAL EN LAS PARTITURAS

En la mayor parte de las partituras aparecen marcas especiales que indican dónde se debe pisar y levantar el pedal. Estas marcas son similares a las siguientes imágenes:

1. Abajo   Arriba

2. ℘ed.   ✳
   Abajo   Arriba

3. Abajo   Arriba/Abajo   Arriba/Abajo   Arriba

4. ℘ed. *sempre*

En este libro utilizaremos todas estas marcas de pedal, representando el movimiento de bajada y subida del pedal de la siguiente manera:

5. ↓   ↑   ↓   ↑   ↓   ↑
   Abajo Arriba Abajo Arriba Abajo Arriba

LECCIÓN 3 - PEDALES LARGOS

Cuando mantenemos el pedal de resonancia pisado durante el tiempo que tocamos, podemos obtener unos magníficos colores e interesantes sonidos, creando toda clase de imágenes y sentimientos que estén en nuestra imaginación.

Estudio de pedal 1

Pisa el pedal, **a continuación toca una nota** y **escucha con atención cómo** el sonido va desapareciendo gradualmente.

Estudio de pedal 2 'Cajas anidadas'

Las 'cajas anidadas' son cajas de diferentes tamaños que caben una dentro de otra.

Tocamos 'cajas anidadas' musicales **cuando cada nueva nota o acorde es más suave** (como una caja más pequeña) que el anterior.

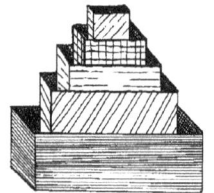

Estudio de pedal 3

Nota al profesor:

La primera nota de la mano izquierda es la "caja grande". Esta nota se debe tocar lo suficientemente fuerte para que recoja el resto de sonidos dentro. El estudiante tiene que seguir escuchando la "caja grande".

Nota al profesor:

- *Esta pieza está en modo dórico.*
- *Se debe pensar en las cajas anidadas, prestando atención a las dinámicas.*
- *Las notas graves desaparecen progresivamente (las notas largas de los compases 2, 4, 6, 8 pueden mantenerse más tiempo del que está escrito)*

La canción de Dory Ann

Posición de las manos

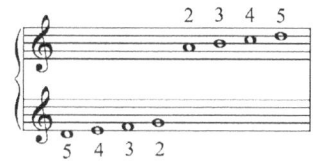

James P. Callahan

(sempre Ped.)

Nota al profesor:

- *Es importante que el alumno piense en las cajas anidadas.*

- *El pedal se presiona antes de tocar.*
- *Las notas del bajo (las cajas grandes) se deben tocar fuerte, prestando atención de escucharlas hasta el final de la pieza. Los centelleos de la mano derecha son staccatos muy cortos. Observe las dinámicas.*

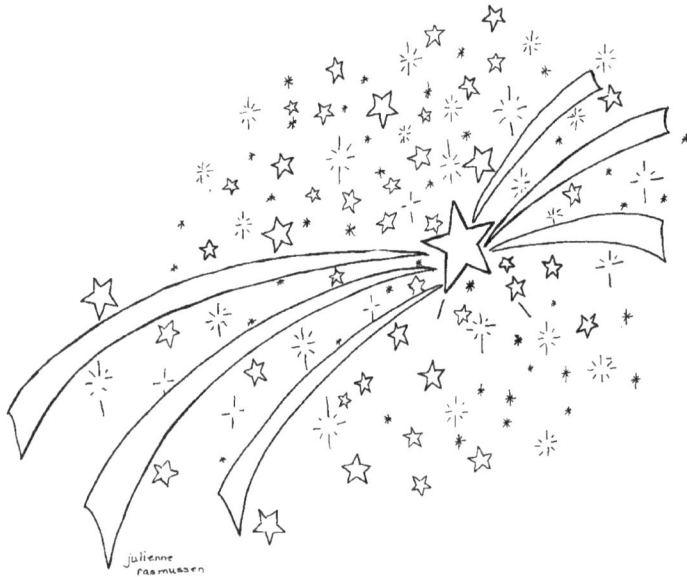

Centelleo de estrellas

Posición de las manos

James P. Callahan

Consejos útiles:

- Antes de empezar a tocar, piensa cómo te sentirías si estuvieras en un calabozo oscuro en las profundidades, rodeado de espeluznantes bichos.

- El piano puede producir sonidos escalofriantes

El calabozo

Posición de las manos

Slow ♩ = 66

James P. Callahan

Peð.

(*sempre* Peð.)

* Realizar el calderón bastante largo (al menos con una duración equivalente a ocho compases).

Pisa el pedal antes de empezar a tocar; levántalo después de que el sonido desaparezca.

Las campanas de las tres

Posición de las manos

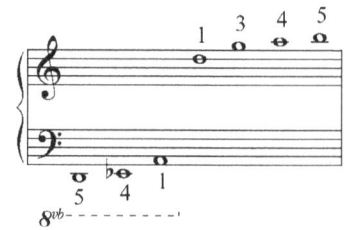

James P. Callahan

♩ = 60

f

Ped.

mf

mp

11

p

(8vb) - - - - - - - - - - -

(sempre Ped.)

(long)

El cuco en la oscuridad del bosque

Posición de las manos

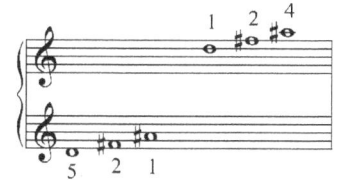

James P. Callahan

Moderato

Ligeramente más lento

* Compases 1 y 7: cluster de acordes (tocados con la palma de la mano)

LECCIÓN 4 - PEDAL DIRECTO

Nota al profesor:

La técnica del pedal directo consiste en que la mano y el pie hacen el mismo movimiento. Cuando la mano pulsa las teclas el pie derecho hace bajar el pedal. Cuando la mano levanta las teclas, el pie hace lo mismo con el pedal. Haga que sus alumnos practiquen los siguientes ejercicios hasta que sean capaces de resolverlos con facilidad.

Estudio de pedal 1 – sin pedal

- Siéntate en el borde la banqueta, con los pies descansando sobre el suelo y cada mano sobre un muslo.

- Separa tu mano del muslo en dirección ascendente, a la misma vez que el tercio anterior del pie derecho se levanta, manteniendo el talón en contacto con el suelo.

- Baja la mano y el pie a la misma vez.

- Repite este movimiento, diciendo "arriba" y "abajo" con un movimiento constante.

♩   ♩   ♩   ♩   │♩   ♩   ♩   ♩   :‖

Arriba   Abajo   Arriba   Abajo   Arriba   Abajo   Arriba   Abajo

- Repite el ejercicio utilizando la mano izquierda y el pedal derecho.

- Repítelo usando ambas manos y el pedal derecho.

Estudio de pedal 2 – con pedal

- Coloca tu pie derecho sobre el pedal de resonancia y la mano derecha sobre el muslo, como hiciste en el estudio 1.

- Haz el mismo movimiento indicado en el estudio anterior, pero pisando y levantando el pedal con el pie (asegúrate de mantener el talón apoyado en el suelo).

- El pie debería hacer el mismo movimiento de subida y bajada que la mano. Continúa diciendo "arriba" y "abajo" con cada movimiento.

- Repítelo usando la mano izquierda

- Repítelo usando las dos manos.

Estudio de pedal 3

Nota al profesor:

- *Haga que los estudiantes cuenten en voz alta "1-2-3" en lugar de decir "arriba" y "abajo".*
- *El pedal y la tecla descenderán en "1" y ambos subirán en "3".*
- *Preste atención que los estudiantes mantengan el talón del pie derecho apoyado en el suelo cuando pisan el pedal y que el tercio anterior del pie sigue en contacto con la palanca cuando es levantado.*

| 1 | 2 | 3 | 1 | 2 | 3 | 1 | 2 | 3 | 1 | 2 | 3 |
| Abajo | | Arriba | Abajo | | Arriba | Abajo | | Arriba | Abajo | | Arriba |

Marcha

Posición de las manos

James P. Callahan

Tambores y trompetas

Posición de las manos

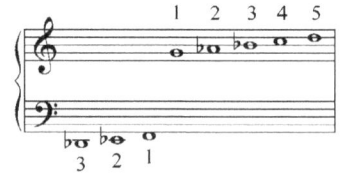

James P. Callahan

Danza turca

Posición de las manos

James P. Callahan

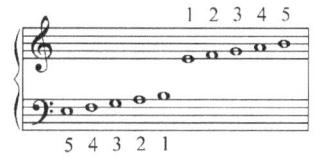

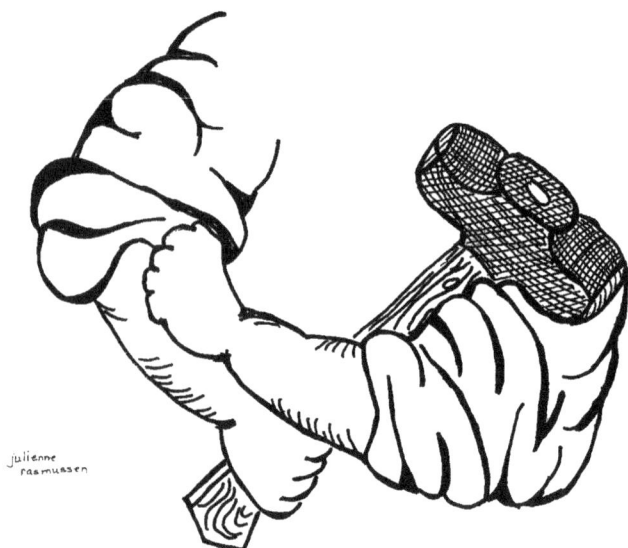

Brazo y martillo

Tocar las notas aleatoriamente
Comenzar rápido y ralentizar progresivamente

Acabar en Re o Fa

* Tocar con el antebrazo izquierdo las teclas blancas.

** Repetir las notas del recuadro en cualquier orden hasta el final de la flecha.

Nota al profesor:

El estudiante escogerá el orden de la frase a interpretar. La frase 2 irá siempre en el centro. Así ① ② ③ o ③②①.
Cada frase podrá repetirse las veces que se desee.

Mi coche de juguete

James P. Callahan

Vals lento de Sally (Dueto)

James P. Callahan

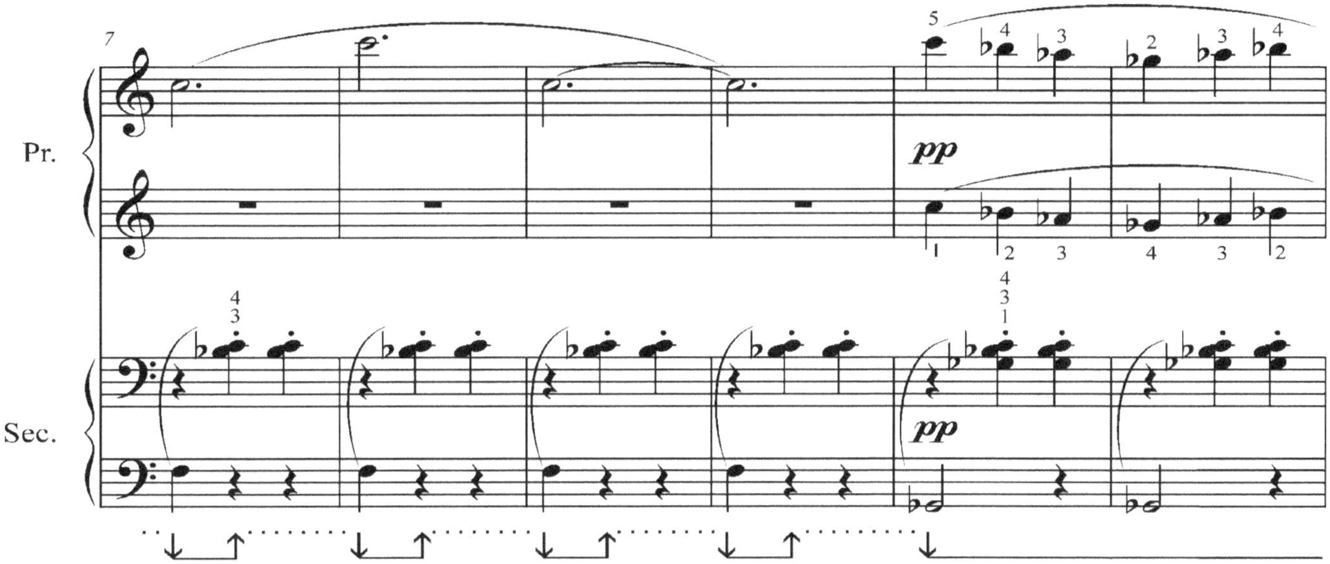
7
Pr.
Sec.
pp
pp

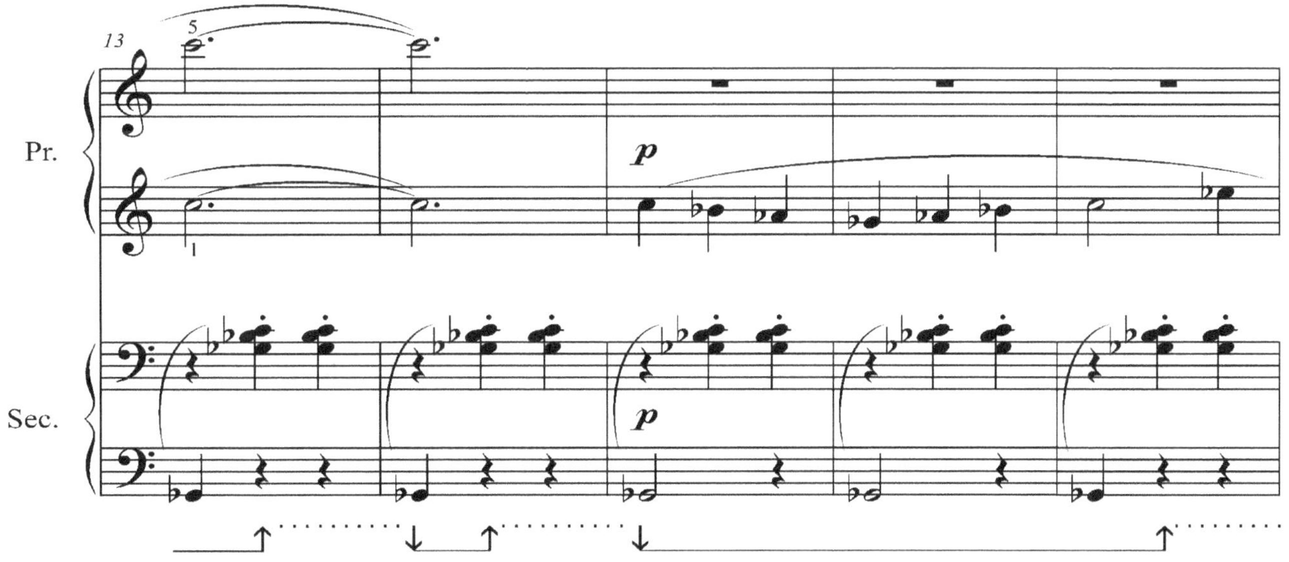
13
Pr.
Sec.
p
p

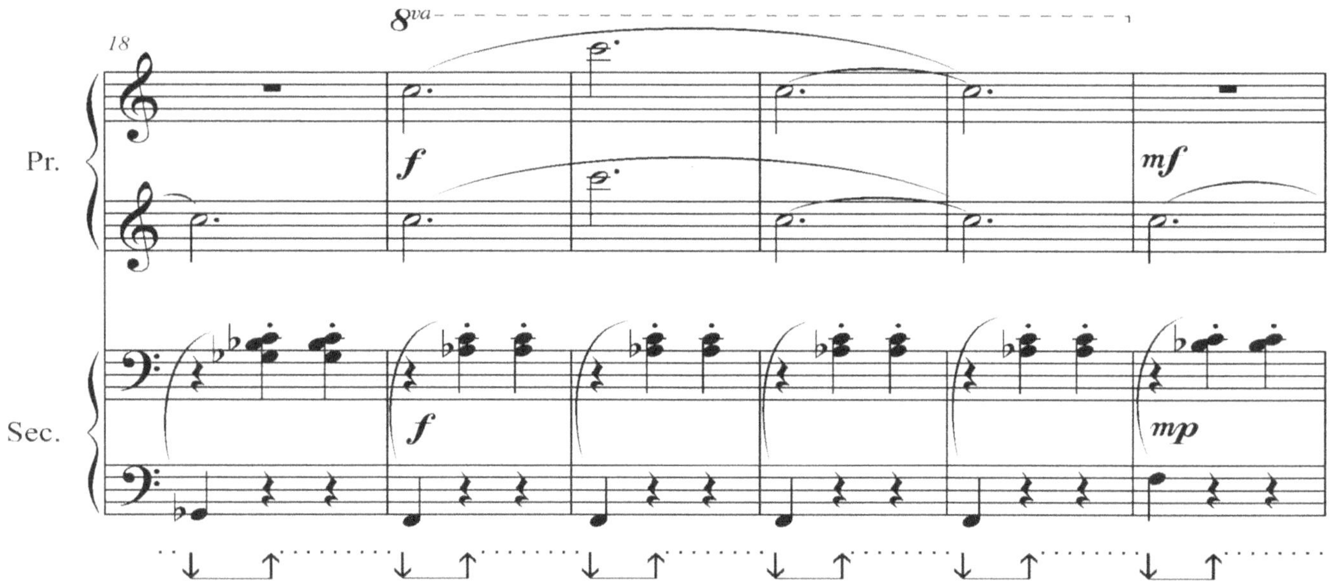
8va
18
Pr.
f
mf
Sec.
f
mp

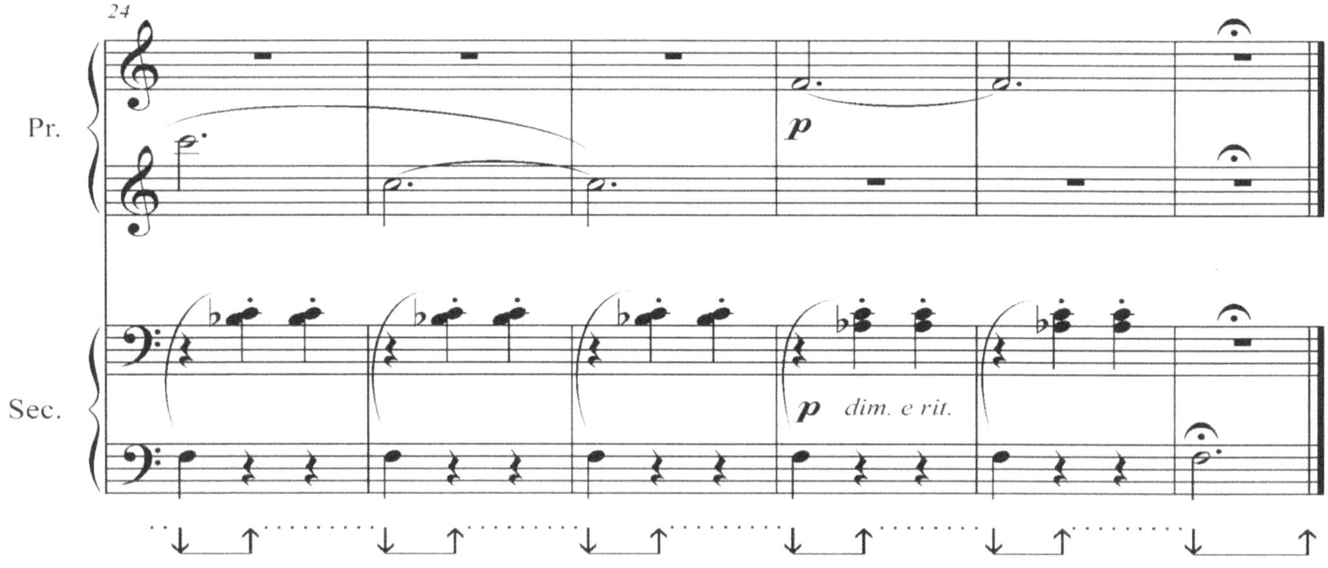
24
Pr.
p
Sec.
p dim. e rit.

LECCIÓN 5 - PEDAL SINCOPADO

Nota al profesor:
La técnica del pedal sincopado se basa en que los movimientos del pie y de la mano son opuestos. Cuando la mano hace el movimiento descendente, el pie lo hace ascendente; cuando la mano asciende, el pie desciende.

La manera de actuar del pedal sincopado se parece al de las papeleras con pedal, en las que, cuando pisas con el pie el pedal, se levanta la tapa:

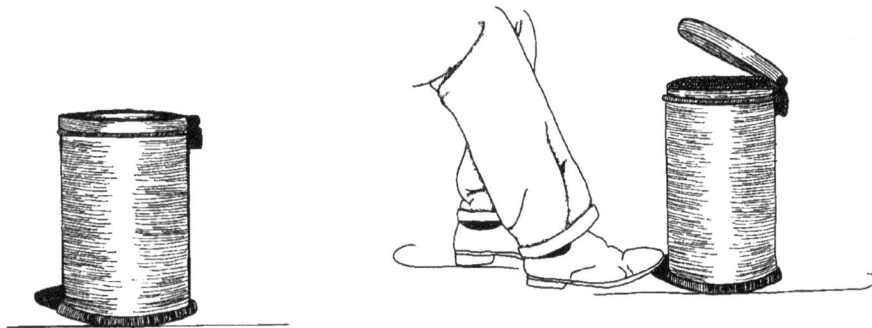

Estudio de pedal 1

1. Siéntate en el borde de la banqueta del piano con los dos pies sobre el suelo y tu mano derecha sobre tu muslo derecho.

2. Levanta la parte delantera del pie derecho, manteniendo el talón apoyado. Ahora **simula que estás utilizando la papelera:**

   - Pisa con la parte delantera del pie mientras la mano derecha (la tapa de la papelera) hace el movimiento ascendente al mismo tiempo.

   - Luego, mientras la mano derecha baja, haz que el pie (el pedal) suba al mismo tiempo.

3. Repite el movimiento con pulso uniforme a velocidad de metrónomo ♩ = 60.
4. Repítelo utilizando la mano izquierda y el pie derecho.

Estudio de pedal 2 *(para el movimiento del pie solo)*

- Siéntate al piano con el pie apoyado sobre el pedal de resonancia. **Pisa y levanta el pedal manteniendo el pulso en el movimiento del pie**. Sé preciso como un metrónomo.

- **Di las palabras** "arriba" y "abajo" (y "mantener") según los movimientos del pie. Asegúrate que el pie permanece en contacto con el pedal todo el tiempo.

- **Repite** - Esta vez **cuenta el pulso mediante números**. Presta atención a que el pedal sea siempre pisado en **2**, y levantado en **1**.

Estudio de pedal 3

Nota al profesor:
*En el siguiente estudio, se combinan la interpretación al teclado con el uso del pedal. Asegúrese de que el alumnado **cuenta en voz alta y mantiene el pulso estrictamente con ambas manos y el pie.** Preste atención que en este ejemplo y otros, **la mano hace movimiento descendente** mientras el pie levanta el pedal, **pero la mano no se levanta cuando el pie baja.***

[Arriba] Abajo Arriba Abajo   Arriba Abajo Arriba Abajo   Arriba Abajo Arriba Abajo   Arriba Abajo Arriba Abajo   Arriba

Día soleado

Posición de la mano

James P. Callahan

Moderato

28

Estudio de pedal 4

En este estudio necesitas contar ocho notas aunque no las toques con los dedos. Recuerda que hay dos corcheas en cada negra:

♫ = ♩

1. Cuenta los siguientes grupos:

1	+	2	+	3	+	4	+	1	+	2	+	3	+	4	+
Uno	y	Dos	y	Tres	y	Cuatro	y	Uno	y	Dos	y	Tres	y	Cuatro	y

2. Toca el siguiente pasaje:

- Cuando cuentes el número el **dedo pulsará** y el **pedal subirá** al mismo tiempo.

- Cuando digas "y" , el pedal bajará.

Nota al profesor:
El pedal se pisará sólo cuando esté indicado.

Nadando y buceando

James P. Callahan

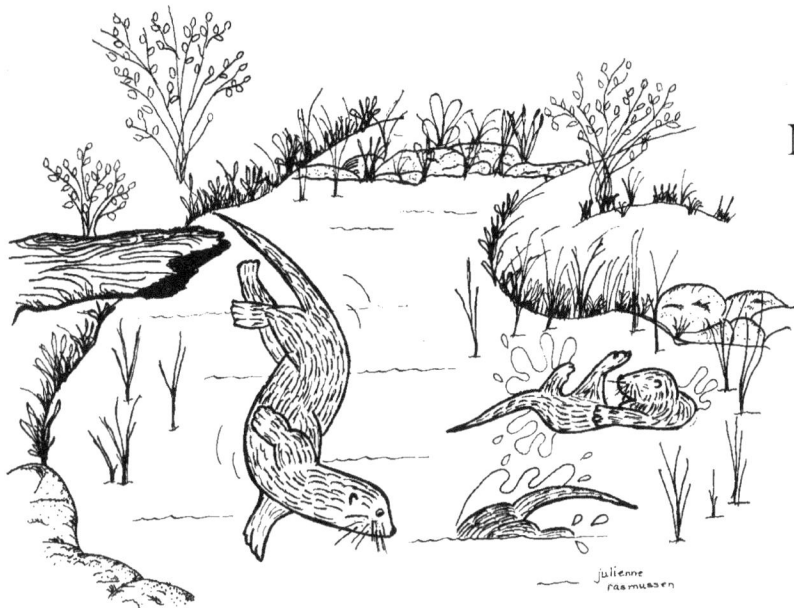

Comenzando a soñar

James P. Callahan

Elegantes bailarines griegos (Dueto)

James P. Callahan

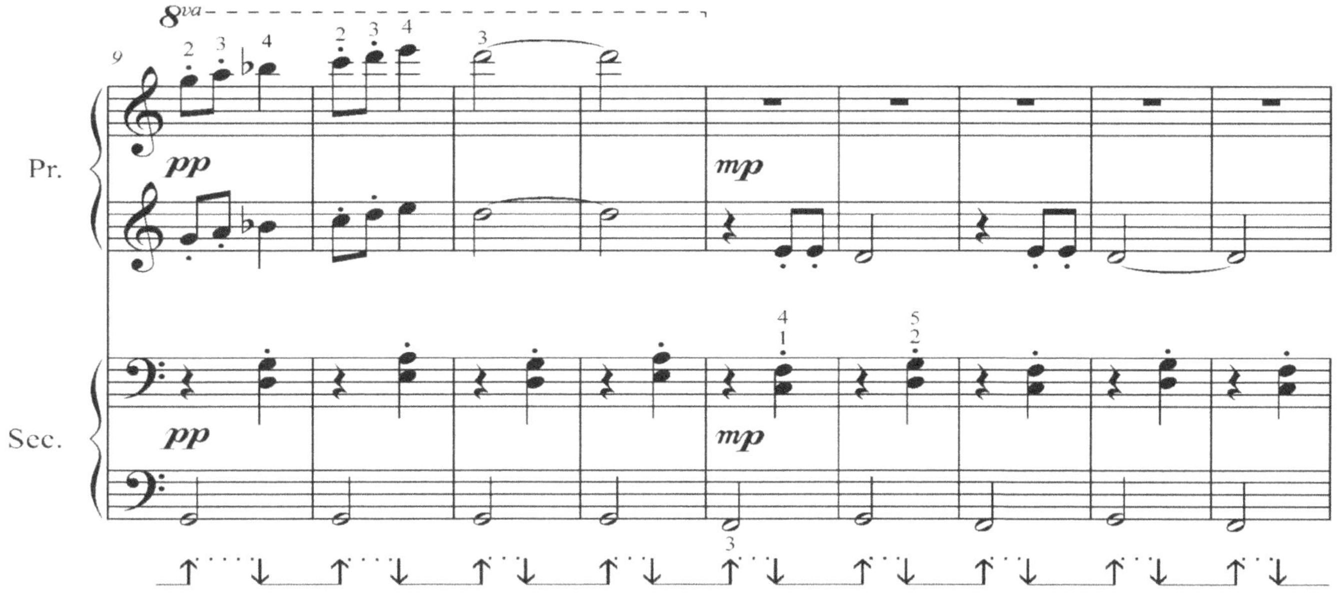
8va
9
Pr.
pp
mp
Sec.
pp
mp

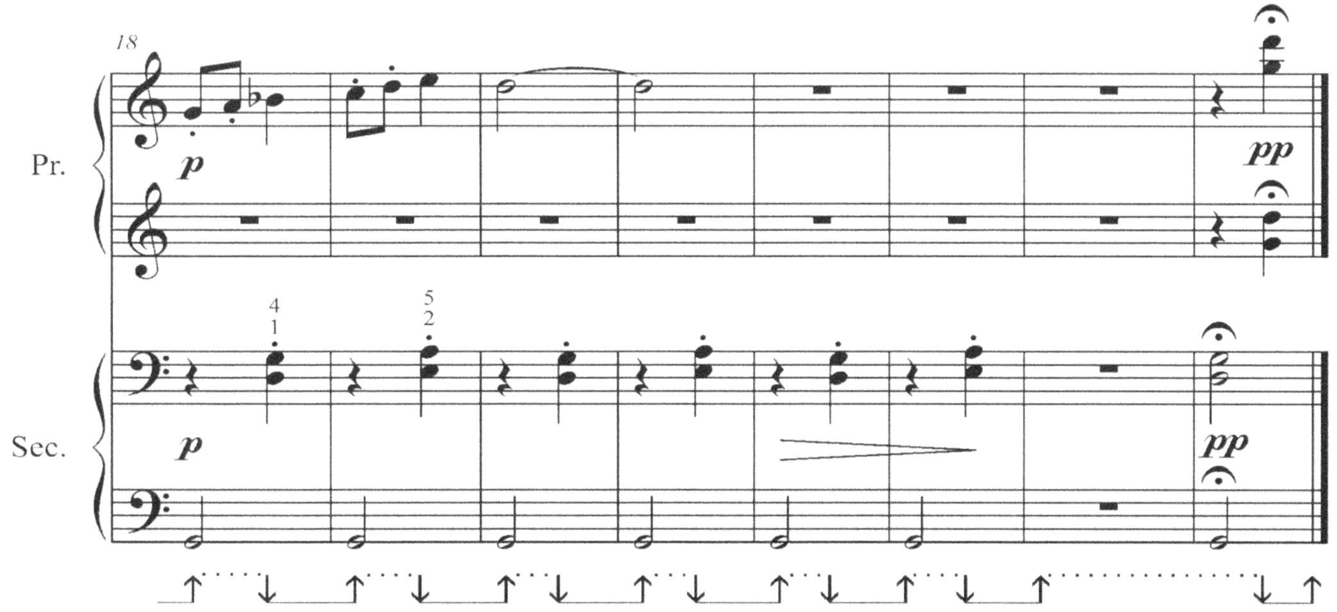
18
Pr.
p
pp
Sec.
p
pp

Nota al profesor:

En los compases 6-13, asegúrese que el alumno une los acordes de manera limpia con el pedal cuando las manos cambien de posición.

Tararí y Tarará

James P. Callahan

Lección 6 - Elevación Lenta del Pedal

A veces queremos obtener un sonido que desaparece poco a poco - como en piezas que contienen un final lento y suave. Se puede lograr este maravilloso efecto levantando el pedal muy lentamente tras haber soltado las notas con la mano.

Estudio de pedal 1

- Toca el siguiente estudio y escucha con atención cómo el sonido es cada vez más suave coincidiendo con la elevación lenta del pedal en cada compás. El sonido desaparece con la elevación completa del pedal, no cuando las manos dejas de pulsar el acorde en la tercera parte del compás.

- Tómate el tiempo que desees al final de cada compás.

- Asegúrate de levantar el pedal **muy lentamente cuando estés cerca del tope**, porque será cuando los apagadores se aproximen a las cuerdas y comiences a eliminar la vibración de las cuerdas y el sonido.

- Observa que la elevación gradual del pedal es indicada con una flecha ascendente.

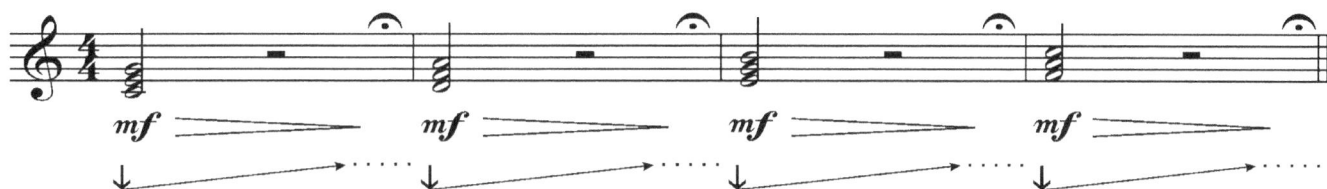

Estudio de pedal 2

¡TRUCO MUY IMPORTANTE!

- Cuando levantes el acorde en el segundo compás hazlo disimuladamente para que nadie se entere. El público a menudo escucha con sus ojos. Si tú no mueves un músculo, el público se concentrará en la desaparición progresiva del sonido y el sentimiento que produce.

- Después de que levantes las teclas, comienza a levantar el pedal muy lentamente.

- No muevas la mano, brazo, cabeza ni el cuerpo hasta que el sonido se haya extinguido.

- Quita las manos del teclado muy lentamente y con elegancia ponlas sobre tu regazo. De esta manera no echarás a perder el efecto que produce un final suave.

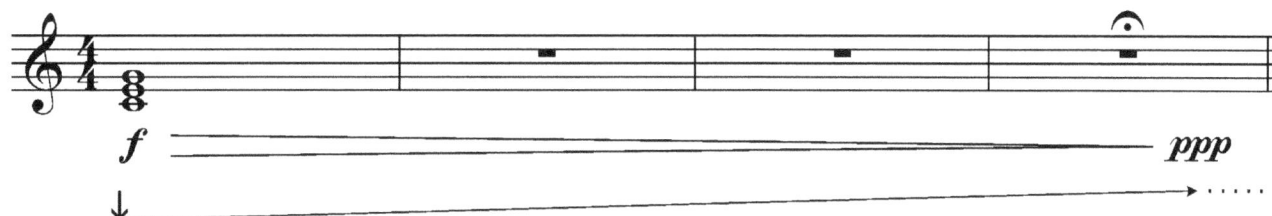

Nota al profesor:

* *En casi todas las piezas que terminan de forma suave y lenta, además de las incluidas a continuación, puede usarse la elevación lenta del pedal.*
  Vuelve a las piezas de las páginas 10, 11, 13, 14, 24, y toca el final usando la elevación lenta del pedal.

* *Los "sonidos fantasmagóricos" de esta pieza son el resultado de la vibración por simpatía de las cuerdas.*

Sonidos fantasmagóricos y tres golpes

James P. Callahan

Allegro ♩ = 120

* Antes de comenzar a tocar las notas de la mano derecha, pulsar sin emitir sonido las teclas de la mano izquierda y mantenerlas durante toda la pieza.

LECCIÓN 7 - USO DEL PEDAL *UNA CORDA*

Cuando presionamos este pedal, conocido como *una corda,* los martillos se desplazan ligeramente golpeando las cuerdas desde una posición diferente. En los pianos de cola los martillos, al desplazarse, golpean solo dos de las tres cuerdas, lo que cambia el color y provoca que el sonido sea más suave.

Para escuchar este efecto, haz lo siguiente:
1. Toca suavemente:

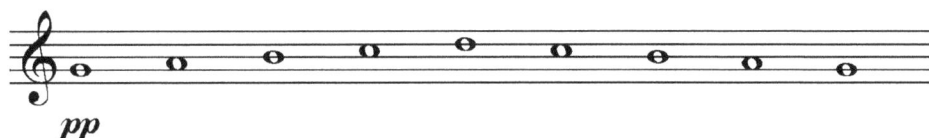

pp

2. Ahora presiona el pedal izquierdo y escucha atentamente cómo suena el pasaje:

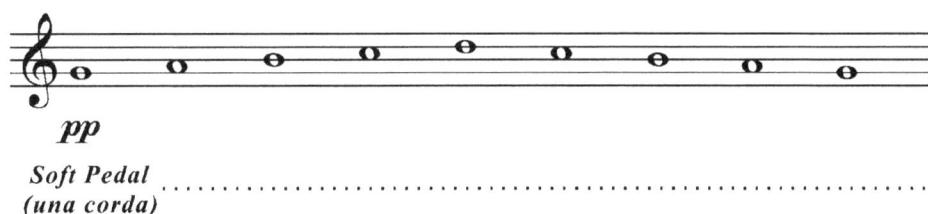

pp

Soft Pedal
(una corda) . . . .

Nota al profesor:

- *El objetivo principal de este uso del pedal es modificar el color del sonido, no solamente obtener un sonido más suave Se puede tocar fuerte y usar este pedal para cambiar el color.*

- *Este pedal debe pisarse justo antes de tocar la sección donde se desee cambiar el color.*

- *Este pedal se denomina "una corda", que significa "una cuerda" en italiano. En los pianos de cola el mecanismo se desplaza a la derecha y los martillos golpean menos cuerdas. En los pianos antiguos golpeaban solo una cuerda -por ello la denominación "una corda". [En el piano vertical los martillos no se desplazan, sino que se acercan a las cuerdas cuando se presiona el pedal, produciendo un cambio en el color y un sonido más suave].*

- *Cuando se levanta el pedal una corda los martillos vuelven a golpear las tres cuerdas, lo que significa "tre corde" en italiano.*

- *Cuando el compositor desea que se pise este pedal lo indica con las abreviaturas "U.C" debajo del pentagrama; "T.C." indica el punto donde el pedal debe ser levantado.*

PIEZAS

En las piezas siguientes usarás:

1. El pedal *una corda*

2. El pedal de resonancia

3. Elevación lenta del pedal al final de cada pieza.

¡Procura crear imágenes con tus sonidos!

Eco

Posición de las manos

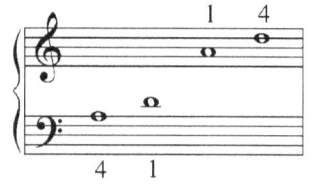

James P. Callahan

Allegro

f

p

f

Ped.

una corda

tre corde

p

f

p

u.c.

t.c.

u.c.

(sempre Ped.)

Nocturno con un pájaro

Posición de las manos

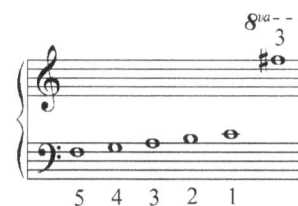

5 4 3 2 1

James P. Callahan

♩ = 80

mp

una corda

tre corde   *u.c.*

Ped.

f

8

(sempre Ped.)

f   *mp*

t.c.

loco   *(long)*

pp

u.c.

Procura seguir las dinámicas indicadas.

Impresiones

Posición de las manos

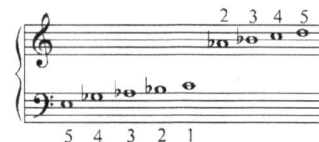

James P. Callahan

una corda

Pℇᴅ.

tre corde

(sempre Pℇᴅ.)

u.c.

t.c.

u.c.

(sempre Pℇᴅ.)

La Autora

KATHERINE FARICY

Katherine Faricy se graduó en el Conservatorio de Oberlin con un bachelor en educación musical y obtuvo el Master of Fine Arts Degree en interpretación pianística por la Unversidad de Minnesota. Durante cuatro años estudió de manera privada con pianistas de reconocido prestigio, como Lili Kraus. Fue durante sus estudios con Kraus y el Dr. Duncan McNab en la Universidad de Minnesota cuando se concienció de la importancia de la pedalización artística en la interpretación y de llevar a cabo una enseñanza metódica para aprender su técnica. Su libro, titulado *Artistic Pedal Technique-Lessons for Intermediate and Advanced Pianists,* publicado por Frederick Harris Music Co., ha sido un éxito internacional.

Desde hace años Faricy ejerce en la facultad de piano de la Universidad de St. Thomas, en St Paul, Minnesota, impartiendo clases a estudiantes y graduados de piano y cursos sobre práctica interpretativa y pedagogía pianística. Actualmente es Artista en Residencia de Mount Calvary Academy of Music, en Excelsior, Minnesota, donde enseña piano e imparte seminarios para profesores. Además de sus frecuentes recitales y actuaciones como solista con orquesta, forma con Dr. James Callahan un exitoso dúo de piano desde hace 30 años. Katherine Faricy es invitada con frecuencia como jurado y asesora, impartiendo talleres y conferencias a grupos de profesores a lo largo del país, incluyendo la convención nacional MTNA.

El Compositor

JAMES P. CALLAHAN

Dr. James Callahan se graduó por la Universidad de St. John's (Minnesota), obtuvo el Master of Fine Arts Degree en piano y se doctoró en teoría de la música y composición por la Universidad de Minnesota. Además, estudió en el Mozarteum (Salzburgo) y en la Academia de Música de Viena. Tras enseñar, durante 38 años, piano, órgano, teoría de la música, composición y repertorio pianístico en la Universidad de St. Thomas, St. Paul, Minnesota, se jubiló y fue nombrado Profesor Emérito de Música.

Dr. Callahan ha compuesto más de 125 obras para piano, órgano, orquesta, banda, ópera y grupos de cámara. Sus obras han sido interpretadas por la Orquesta de Minnesota y la Orquesta de Cámara de Saint Paul, y muchas han sido publicadas por McLaughlin- Reilly, GIA, Paraclete Press, Abingdon Press y Beautiful Star Publishing. Ha interpretado en recitales como solista, grupos de cámara y con orquesta, interpretando los cinco conciertos para piano de Beethoven. Junto con Katherine Faricy forma un dúo de piano. Como organista, Callahan ha dado numerosos recitales en Upper Midwest, Nueva York y Austria. Sus interpretaciones y composiciones han sido retransmitidas por la Radio Pública de Minnesota y en el programa de radio nacional "Pipedreams."

Recomendaciones

"¡Por fin los profesores de piano tienen un recurso con el que explicar de manera sofisticada las técnicas de pedal desde las primeras etapas del estudio del piano! *Pedaling–Colors in Sound,* de Katherine Faricy, contiene meticulosas explicaciones, ejercicios creativos y composiciones maravillosamente imaginativas de James Callahan que los estudiantes disfrutarán aprendiéndolas. Este libro será recogido en la lista de "Libros que todo profesor de piano debería poseer", que proporcionamos a nuestros estudiantes de pedagogía pianística en Westminster Choir College de la Universidad de Rider".

> INGRID CLARFIELD, Profesor de Piano y Pedagogía Pianística en Westminster Choir College de la Universidad de Rider, intérprete, asesor y compositor.

"Para los profesores que estén buscando una herramienta que sea efectiva para ayudar a sus alumnos a desarrollar la conciencia, imaginación, habilidades y vocabulario de la pedalización artística desde sus primeras lecciones, *Pedaling–Colors in Sound* es un recurso flexible, práctico y agradable. Sencillos de aplicar para cualquier curso, este libro estructura la enseñanza del pedal con precisión, seguridad y destreza."

> ANDREW HISEY, pianista, profesor, asesor de pedagogía; editor y examinador en el Royal Conservatory of Music.

"*Pedaling–Colors in Sound*, de la pianista y pedagoga Katherine Faricy y el compositor James Callahan proporciona a los profesores de un tesoro rico de información concisa, ejercicios imaginativos y pequeñas piezas agradables. Éstas introducen a los estudiantes en la pedalización artística desde el comienzo de sus estudios. ¡El libro es una gran contribución que los profesores encontrarán indispensable!"

> PHYLLIS LEHRER, Profesor de Piano y Pedagogía Pianística en Westminster Choir College de la Universidad de Rider, intérprete, asesor y compositor.

"¡Se me ocurren miles de razones para usar *Pedaling–Colors in Sound* en mi propia clase! Se convertirá en la nueva manera para enseñar la pedalización artística".

> SCOTT MCBRIDE SMITH, Profesor Cordelia Brown Murphy de Piano y Pedagogía. School of Music, Universidad de Kansas.

"He aquí un libro que será un salvavidas para profesores y alumnos que quieran introducirse en la "tercera mano" del pianista. Los ejercicios sencillos y breves que introducen los diferentes tipos de pedalización son de un gran valor. ¡Qué regalo para cualquier profesor y el estudiante encontrarlos expuestos de manera divertida y accesible. No exagero al afirmar que es necesario introducir el pedal de manera correcta y secuenciada desde las primeras fases del aprendizaje. Como compositora, incorporo diferentes usos de pedal en mis piezas para los estudiantes. ¡El libro de Katherine Faricy será definitivamente una parte de mi estudio! "

> CHEE-HWA TAN, compositora de piezas para estudiantes, intérprete y profesora.

Glosario

$\mathcal{P}\text{eð.}$ *sempre*	Traducción literal: "pedal siempre". Mantener pisado el pedal de resonancia durante toda la pieza, o hasta el cambio, o *
(sempre $\mathcal{P}\text{eð.}$ *)*	Recordatorio de cortesía colocado al inicio del segundo sistema: continúa con el pedal presionado.

1.
 	
2.
	Acordes en cluster: amplio grupo de sonidos que se tocan simultáneamente. Esta notación incluye tanto a las teclas blancas como las negras.
	
	En estas piezas, se podrán tocar los cluster de dos maneras:
	
	    1. Con la palma de la mano izquierda, o
	
	    2. Con el antebrazo izquierdo.

8va - - - - - ¬	*All' ottava* . Tocar las notas de este grupo una octava más alta de lo que está escrito.
8vb - - - - - ¬	*Ottava bassa* . Tocar las notas de este grupo una octava más baja de lo que está escrito.
15ma - - - - - ¬	*Quindicesima* . Tocar las notas de este grupo dos octavas más altas de lo que está escrito.
loco	Las notas deben ser tocadas en su registro. Suele ser un recordatorio al intérprete de la finalización de la 8ª alta, 8ª baja y las dos octavas altas.
① ② ③ ③ ② ①	El intérprete elige el orden de ejecución de las secciones. En este caso, podría escoger el orden 1, 2, 3 o 3, 2, 1.
	Presionar sin sonido las teclas.
	Elevación progresiva del pedal. Se especifica de maneras distintas.
una corda - u.c.	*una corda* - presionar el pedal izquierdo. Abreviado *u.c.*
tre corde – t.c.	*tre corde* - levantar el pedal izquierdo. Abreviado *t.c.*
	Repetir el grupo del recuadro hasta donde indica la flecha.